Coleção Eu gosto m@is

LÍNGUA INGLESA

MARIA CRISTINA G. PACHECO
Pesquisadora, licenciada em Pedagogia e Artes Plásticas; docente de língua inglesa e de língua espanhola em diversas instituições de ensino em São Paulo; autora de livros didáticos e paradidáticos em línguas estrangeiras.

MARIA R. DE PAULA GONZÁLEZ
Docente de língua inglesa e de língua espanhola; coordenadora em vários cursos de idiomas em São Paulo.

CB062981

5ª edição
São Paulo
2023

1º ANO
ENSINO FUNDAMENTAL

IBEP

Coleção Eu Gosto Mais
Língua Inglesa 1º ano
© IBEP, 2023

Diretor superintendente	Jorge Yunes
Diretora editorial	Célia de Assis
Editores	Isabela Moschkovich e Ricardo Soares
Secretaria editorial e processos	Elza Mizue Hata Fujihara
Assistente de produção gráfica	Marcelo Ribeiro
Ilustrações	Gisele B. Libutti, Lye Kobayashi, Vanessa Alexandre
Projeto gráfico e capa	Aline Benitez
Diagramação	Nany Produções Gráficas

Dados Internacionais de Catalogação na Publicação (CIP) de acordo com ISBD

P116e   Pacheco, Maria Cristina G.

     Eu gosto m@is: Língua Inglesa / Maria Cristina G. Pacheco, Maria R. de Paula González. - 5. ed. - São Paulo : IBEP - Instituto Brasileiro de Edições Pedagógicas, 2023.
     il ; 20,5 cm x 27,5 cm. - (Eu gosto m@is 1º ano)

     Inclui anexo.
     ISBN: 978-65-5696-431-7 (Aluno)
     ISBN: 978-65-5696-432-4 (Professor)

     1. Educação. 2. Ensino fundamental. 3. Livro didático. 4. Língua inglesa. I. González, Maria R. de Paula. II. Título. III. Série.

2023-1172   CDD 372.07
                                                                                 CDU 372.4

Elaborado por Odilio Hilario Moreira Junior - CRB-8/9949

Índice para catálogo sistemático:
1. Educação - Ensino fundamental: Livro didático 372.07
2. Educação - Ensino fundamental: Livro didático 372.4

5ª edição – São Paulo – 2023
Todos os direitos reservados

IBEP

Rua Gomes de Carvalho, 1306, 11º andar, Vila Olímpia
São Paulo – SP – 04547-005 – Brasil – Tel.: (11) 2799-7799
www.editoraibep.com.br   editoras@ibep-nacional.com.br

Impressão - Gráfica Mercurio S.A. - Agosto 2024

APRESENTAÇÃO

Querido aluno, querida aluna,

Elaboramos para vocês a **Coleção Eu gosto m@is**, rica em conteúdos e atividades interessantes, para acompanhá-los em seu aprendizado.

Desejamos muito que cada lição e cada atividade possam fazer vocês ampliarem seus conhecimentos e suas habilidades nessa fase de desenvolvimento da vida escolar.

Por meio do conhecimento, podemos contribuir para a construção de uma sociedade mais justa e fraterna: esse é o nosso objetivo ao elaborar esta coleção.

Um grande abraço,

As autoras

SUMÁRIO

LESSON

1 MY FAMILY 6
(Minha família)
- **COMMUNICATIVE CONTENTS:** presentations; the family; greetins
- **GRAMMAR CONTENTS:** verbs to be, to like, to introduce, to match, to color, to greet, to cut, to glue and to complete; possessive pronouns

2 COLORS 16
(Cores)
- **COMMUNICATIVE CONTENTS:** colors
- **GRAMMAR CONTENTS:** verbs to name, to play and to link

3 ANIMALS 24
(Animais)
- **COMMUNICATIVE CONTENTS:** animals; numbers
- **GRAMMAR CONTENTS:** verbs to say, to count, to draw and to find

4 FRUITS 34
(Frutas)
- **COMMUNICATIVE CONTENTS:** fruits; numbers; colors
- **GRAMMAR CONTENTS:** verb to like in the negative form and verb to make

5 VEGETABLES 44
(Legumes e verduras)
- **COMMUNICATIVE CONTENT:** food
- **GRAMMAR CONTENTS:** verbs to go and to have (+ meal)

LESSON

6 MY BODY 52
   (Meu corpo)
   - **COMMUNICATIVE CONTENTS:** parts of the body; clothes
   - **GRAMMAR CONTENT:** verb to hang

7 MY HOUSE 60
   (Minha casa)
   - **COMMUNICATIVE CONTENT:** rooms in a house
   - **GRAMMAR CONTENTS:** verb to sleep; interrogative pronoun where

8 MY SCHOOL 68
   (Minha escola)
   - **COMMUNICATIVE CONTENT:** objects in the schoolbag
   - **GRAMMAR CONTENTS:** verb to guess; preposition inside

REVIEW 72
(Revisão)

GLOSSARY 77
(Glossário)

COMPLEMENTARY ACTIVITIES 81
(Atividades complementares)

STICKERS 93
(Adesivos)

LESSON 1

MY FAMILY
(Minha família)

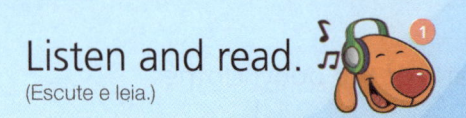

Listen and read.
(Escute e leia.)

— HI, I AM ANNE!

— HELLO, MY NAME IS SUE.

VOCABULARY

I: eu.
my: meu/minha.
name: nome.

HELLO, MY NAME IS ERIC.

HI, I AM BIL.

WOOF, WOOF!

ACTIVITIES

1 Let's talk and complete the dialogue.
(Vamos conversar e completar o diálogo.)

2 Let's play.
(Vamos jogar.)

3 Let's work: draw, glue the sticker and introduce yourself.
(Vamos trabalhar: desenhe, cole o adesivo e apresente-se.)

MY FAMILY
(Minha família)

GRANDFATHER

MOTHER

FATHER

DAUGHTER

GRANDMOTHER

SON

VOCABULARY

family: família.
grandfather: avô.
grandmother: avó.

father: pai.
mother: mãe.
daughter: filha.

son: filho.
brother: irmão.
sister: irmã.

4 Introduce your favorite relative.
(Apresente seu parente favorito.)

parents: mãe e pai.
siblings: irmãos e irmãs.
relatives: parentes que não são seus pais nem irmãos (avós, tios, primos).

5 Let´s play the Family Memory Game. Go to page 83.
(Vamos jogar o Jogo da Memória da Família. Vá para a página 83.)

6 Cut, glue or draw and introduce a family.
(Corte, cole ou desenhe e apresente uma família.)

GREETINGS
(Cumprimentos)

7 Listen and check (✓).
(Escute e marque.)

GOOD MORNING!
(BOM DIA!)

GOOD AFTERNOON!
(BOA TARDE!)

GOOD EVENING!
(BOA NOITE!)

GOOD NIGHT!
(BOA NOITE!)

Dizemos *good evening* quando encontramos alguém no período do dia que começa, aproximadamente, ao escurecer e continua pela noite.
Dizemos *good night* quando nos despedimos de alguém à noite e quando vamos dormir.

ILUSTRAÇÕES: VANESSA ALEXANDRE

8 Color the period of the day you are in. Use the appropriate greeting.

(Pinte o período do dia no qual você está. Use o cumprimento apropriado.)

9 Match the pictures to the periods of the day.
(Ligue as figuras ao período do dia.)

MORNING

AFTERNOON

EVENING

NIGHT

LESSON 2

COLORS
(Cores)

Listen and read.
(Escute e leia.)

RED
(vermelho/a)

YELLOW
(amarelo/a)

GOLDEN
(dourado)

BROWN
(marrom)

GREEN
(verde)

BLACK
(preto/a)

PINK
(cor-de-rosa)

GRAY
(cinza)

WHITE
(branco/a)

BLUE
(azul)

ACTIVITIES

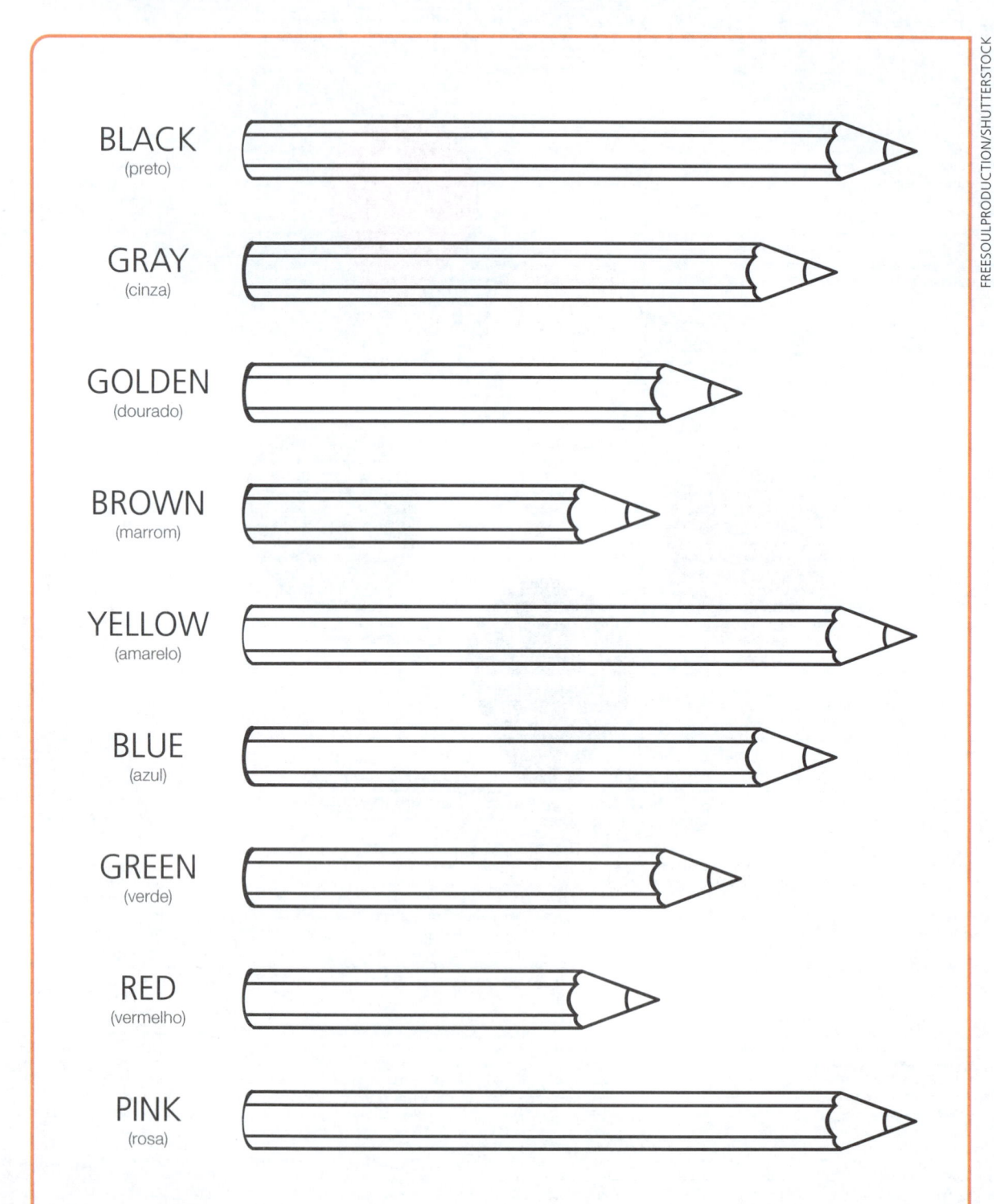

1 **Let's color.**
(Vamos colorir.)

BLACK
(preto)

GRAY
(cinza)

GOLDEN
(dourado)

BROWN
(marrom)

YELLOW
(amarelo)

BLUE
(azul)

GREEN
(verde)

RED
(vermelho)

PINK
(rosa)

2 Let's name the colors.
(Vamos dar nome às cores.)

3 Let's play the Colors Memory Game. Go to page 85.
(Vamos jogar o Jogo da Memória das Cores. Vá para a página 85.)

4 Match and color.
(Ligue e pinte.)

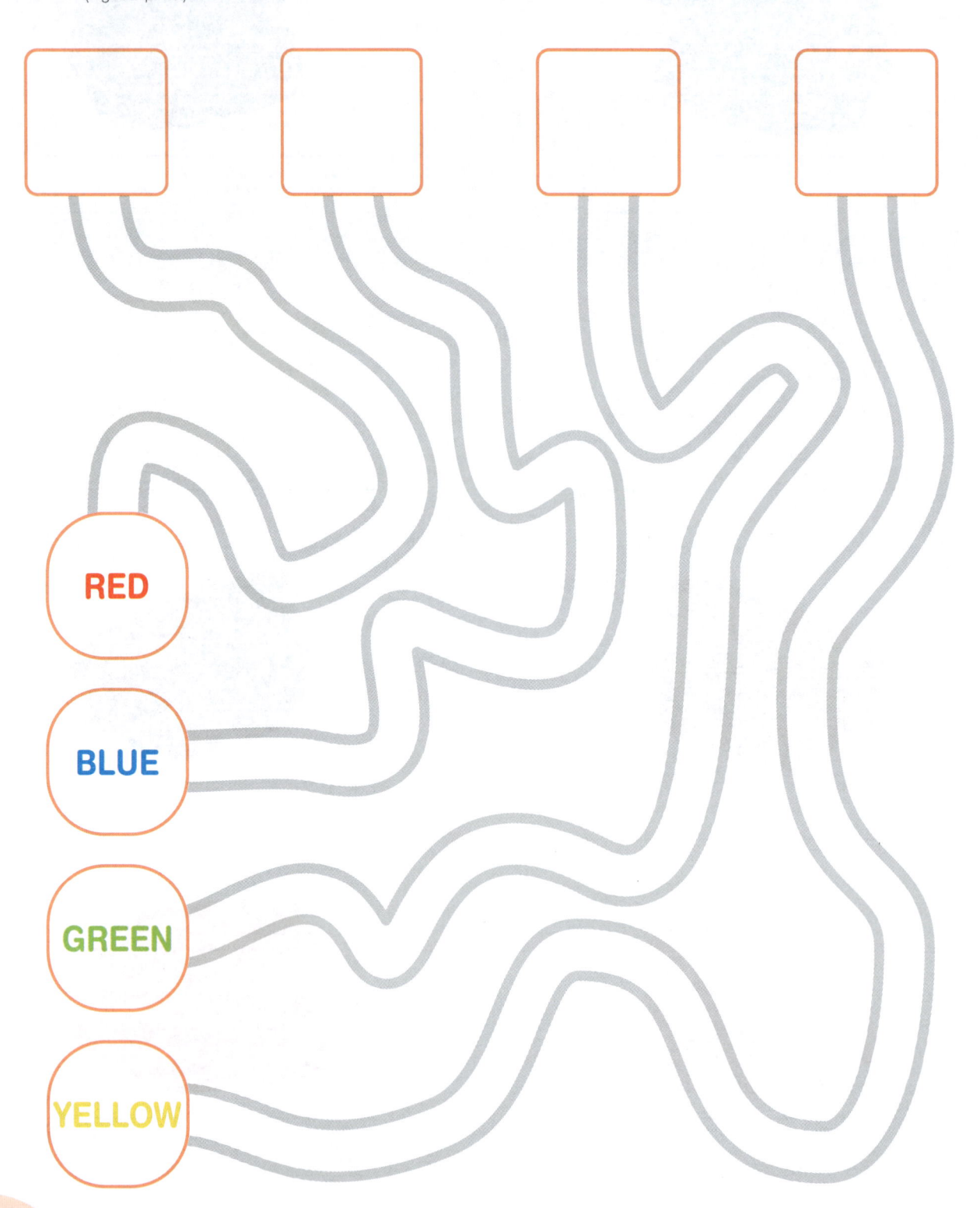

RED

BLUE

GREEN

YELLOW

5 Show your favorite color.
(Mostre a sua cor favorita.)

I like ☐.

6 Color the traffic lights. Glue the names of the colors.
(Pinte o semáforo. Cole os nomes das cores.)

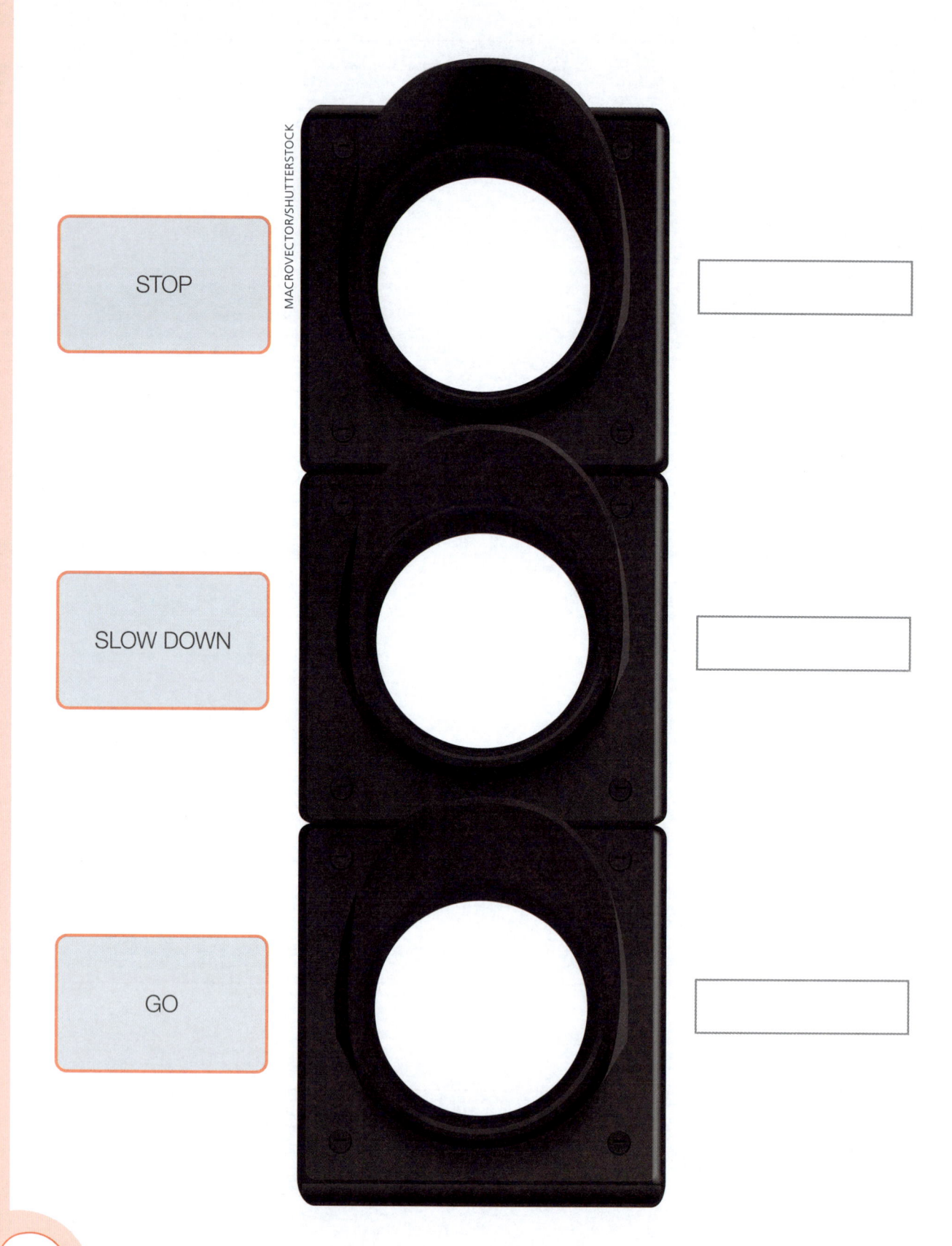

STOP

SLOW DOWN

GO

7 Listen and check (✓) the colors you hear.
(Escute e marque as cores que você ouvir.)

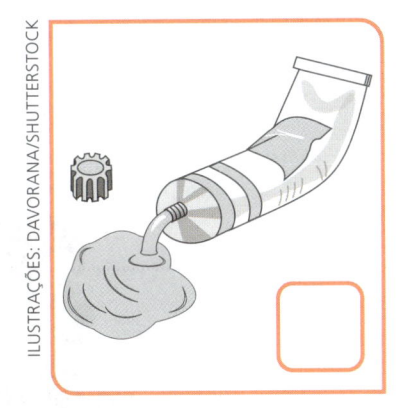

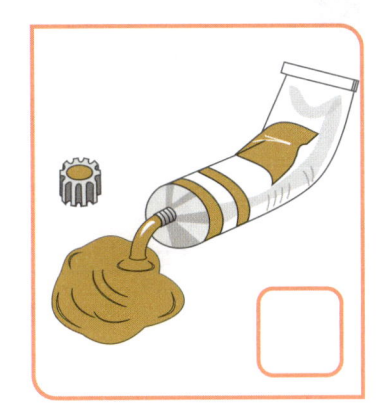

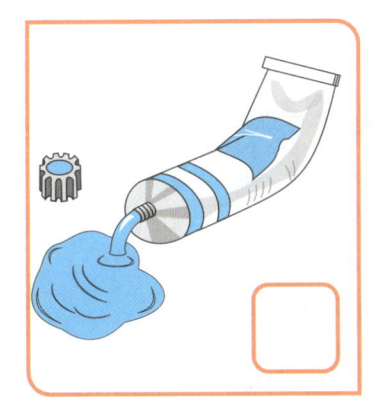

LESSON 3

ANIMALS
(Animais)

Listen and read.
(Escute e leia.)

FISH
(peixe)

DOG
(cachorro)

MONKEY
(macaco)

BEE
(abelha)

CAT
(gato)

HORSE
(cavalo)

DUCK
(pato)

BIRD
(pássaro)

IGUANA
(iguana)

RABBIT
(coelho)

25

NUMBERS 1 TO 2
(Números de 1 a 5)

1	2	3	4	5
ONE	TWO	THREE	FOUR	FIVE

ACTIVITIES

1 Count and say the numbers. Glue their names.
(Conte e diga os números. Cole os nomes dos números.)

Model: ⭐ ONE

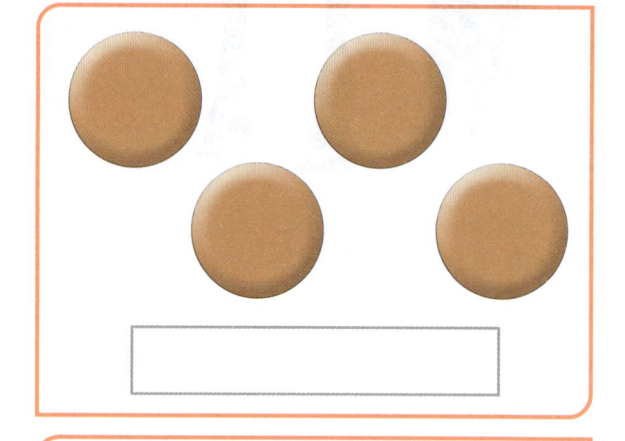

2 Listen and say the numbers. Glue their names.
(Escute e diga os números. Cole os nomes dos números.)

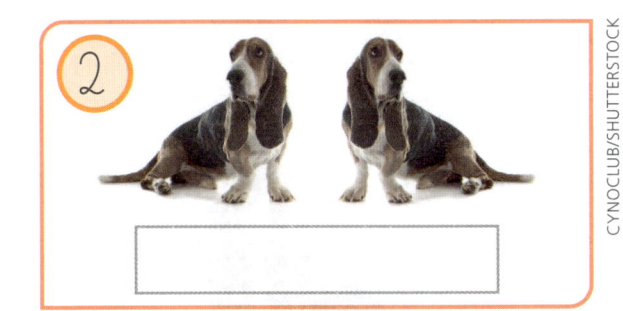

ANIMALS
(Animais)

3 Say the names of the animals.
(Diga em voz alta os nomes dos animais.)

DOG
(cachorro)

FISH
(peixe)

CAT
(gato)

MONKEY
(macaco)

IGUANA
(iguana)

DUCK
(pato)

BEE
(abelha)

RABBIT
(coelho)

4 Show your favorite animal.
(Mostre o seu animal favorito.)

5 Color the groups.
(Pinte os grupos.)

ONE	CAT	FISH	THREE
BIRD	MONKEY	TWO	DUCK
FIVE	RABBIT	DOG	FOUR

6 Let's draw and count.
(Vamos desenhar e contar.)

| ONE | TWO | THREE |

| FOUR | FIVE |

7 Draw what you hear.
(Desenhe o que você escutar.)

8 Friendly places. Look at the pictures.
(Lugares inclusivos. Olhe as fotografias.)

9 Numbers in my life.
(Números na minha vida.)

LESSON 4

FRUITS
(Frutas)

Listen and read.
(Escute e leia.)

8

BANANA
(banana)

ORANGE
(laranja)

LEMON
(limão)

APPLE
(maçã)

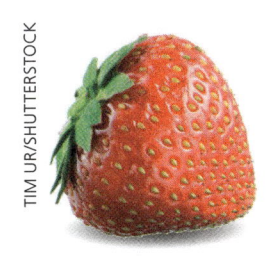

STRAWBERRY
(morango)

PEAR
(pera)

PINEAPPLE
(abacaxi)

WATERMELON
(melancia)

ACTIVITIES

1 **Let's make a juice! Draw the fruits you like.**
(Vamos fazer um suco! Desenhe as frutas de que você gosta.)

2 Let's make a fruit salad! Draw the fruits you like.
(Vamos fazer uma salada de frutas! Desenhe as frutas de que você gosta.)

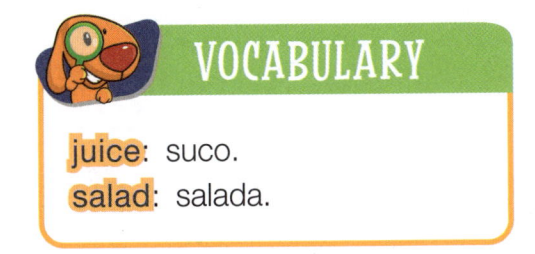

VOCABULARY

juice: suco.
salad: salada.

3 **Draw the fruits you like.**
(Desenhe as frutas das quais você gosta.)

4 **Draw the fruits you don't like.**
(Desenhe as frutas das quais você não gosta.)

5 Color the fruits, read the names and write the numbers. Follow the example.
(Pinte as frutas, leia os nomes e escreva os números. Siga o exemplo.)

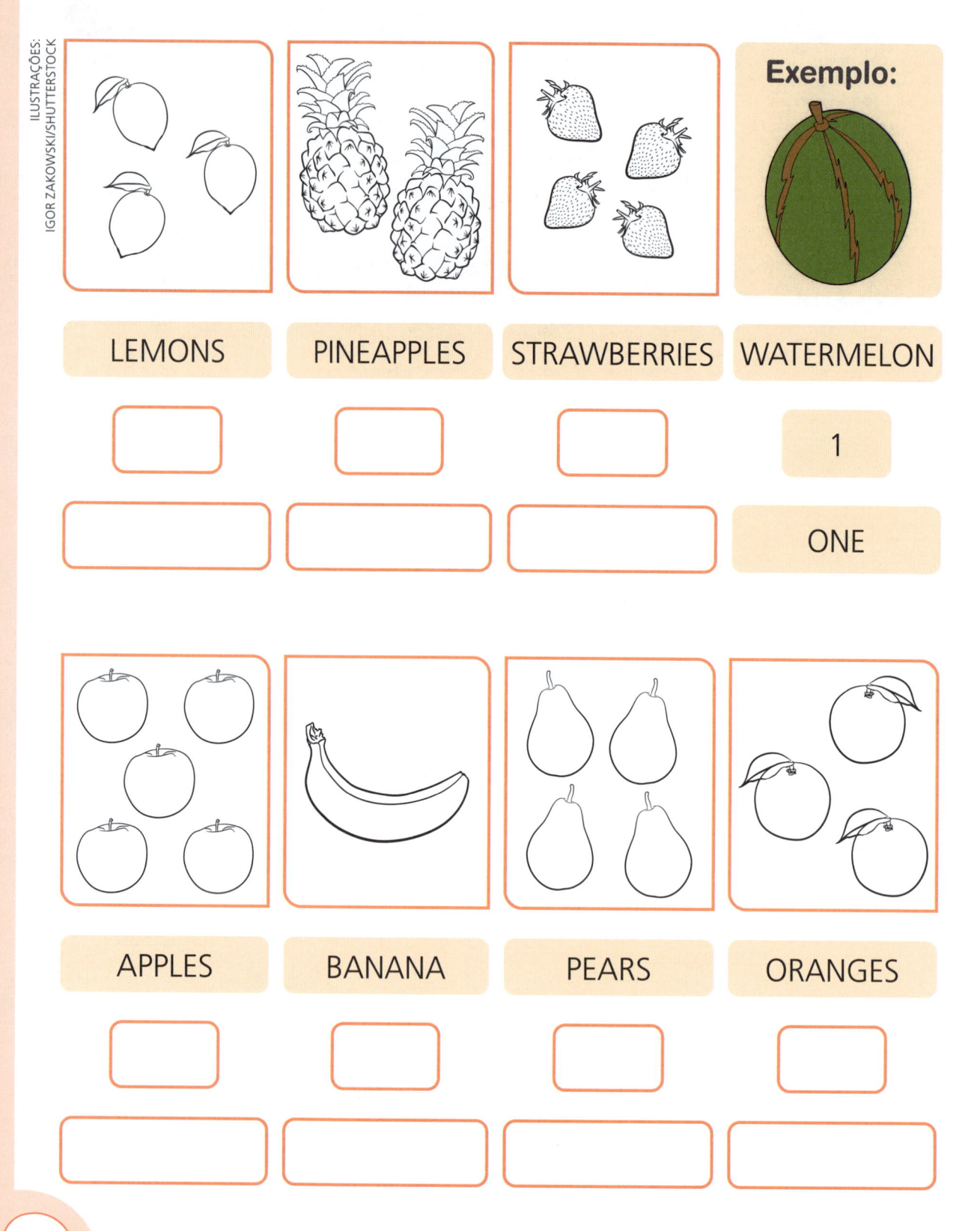

ILUSTRAÇÕES: IGOR ZAKOWSKI/SHUTTERSTOCK

LEMONS	PINEAPPLES	STRAWBERRIES	WATERMELON
			1
			ONE

APPLES	BANANA	PEARS	ORANGES

Exemplo:

40

6 Listen and check (✓) the fruits you hear.
(Escute e marque as frutas que você ouvir.)

41

REVIEW
(Revisão)

I CAN INTRODUCE MYSELF AND OTHER PEOPLE:
(Eu já sei me apresentar e apresentar outras pessoas.)

I'M TOM.	THIS IS ERNEST.
MY NAME'S TOM.	

I CAN NAME THESE FAMILY MEMBERS:
(Eu já sei os nomes destes membros da família.)

GRANDMOTHER	FATHER	BROTHER
GRANDFATHER	SON	SISTER
MOTHER	DAUGHTER	

I CAN SAY THESE GREETINGS:
(Eu já conheço estes cumprimentos.)

HI	GOOD MORNING	GOOD EVENING
HELLO	GOOD AFTERNOON	GOOD NIGHT

I CAN NAME THESE COLORS:
(Eu já sei dizer os nomes destas cores.)

RED	BROWN	YELLOW	GREEN	GRAY
PINK	GOLDEN	BLUE	WHITE	BLACK

I CAN NAME THESE ANIMALS:
(Eu já sei dizer os nomes destes animais.)

DOG	MONKEY	FISH	HORSE	RABBIT
CAT	IGUANA	BEE	DUCK	BIRD

I CAN NAME THESE FRUITS:
(Eu já sei dizer os nomes destas frutas.)

| BANANA | LEMON | STRAWBERRY | PINEAPPLE |
| ORANGE | APPLE | PEAR | WATERMELON |

1 Count and circle.
(Conte e circule.)

1 one   4 four

2 two   3 three

5 five   2 two

2 Circle the odd one out:
(Circule a palavra estranha.)

a) mother — monkey — brother — sister

b) good morning — hello — yellow — hi

c) apple — green — pink — blue

d) lemon — pear — orange — son

e) bee — hi — fish — duck

LESSON 5

VEGETABLES
(Legumes e verduras)

Listen and read.
(Escute e leia.)

TOMATO
(tomate)

ONION
(cebola)

CARROT
(cenoura)

BROCCOLI
(brócolis)

POTATO
(batata)

CAULIFLOWER
(couve-flor)

MONTICELLO/SHUTTERSTOCK

LETTUCE
(alface)

ALEX459/SHUTTERSTOCK

SPINACH
(espinafre)

REIKA/SHUTTERSTOCK

CORN
(milho)

MAKS NARODENKO/SHUTTERSTOCK

45

ACTIVITIES

1 Let's go to the supermarket.
(Vamos ao supermercado.)

2 Listen and check (✓) what you hear. 🎵 ⑪
(Ouça e marque o que você ouvir.)

LETTUCE

CARROTS

POTATOES

CORN

ONION

TOMATOES

47

3 Let's have lunch.
(Vamos almoçar.)

TOMATO   SPINACH
   CARROT   ONION

   LETTUCE   BROCCOLI
      POTATO   CORN

4 Let's play. Go to page 87.
(Vamos brincar. Vá para a página 87.)

5 Match the columns.
(Relacione as colunas.)

- LETTUCE
- POTATO
- CARROT
- TOMATO
- ONION
- CORN

6 Let's label!
(Vamos criar etiquetas!)

TRIBALIUM/SHUTTERSTOCK

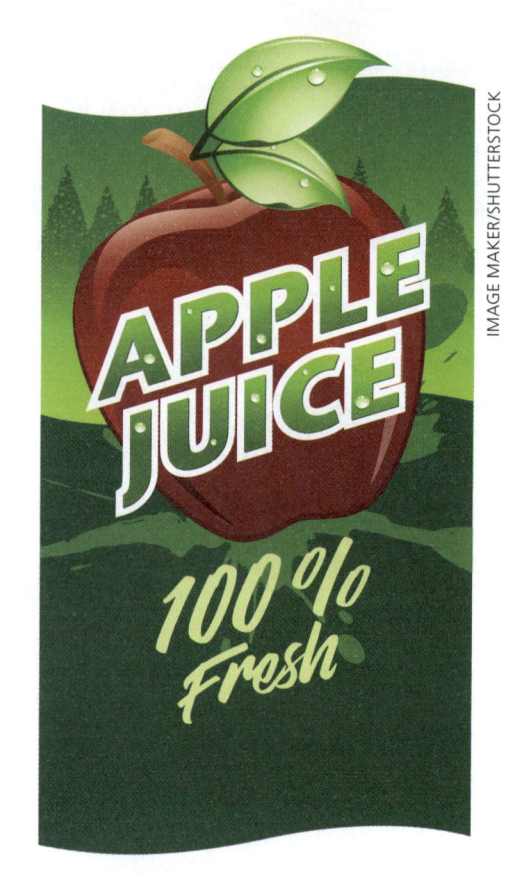

IMAGE MAKER/SHUTTERSTOCK

MIHMHMAL/SHUTTERSTOCK

50

PACK/SHUTTERSTOCK

STUDIOWORKSTOCK/SHUTTERSTOCK

LESSON 6

MY BODY
(Meu corpo)

Listen, glue and read.
(Escute, cole e leia.)

ACTIVITIES

1 Cut and glue.
(Recorte e cole.)

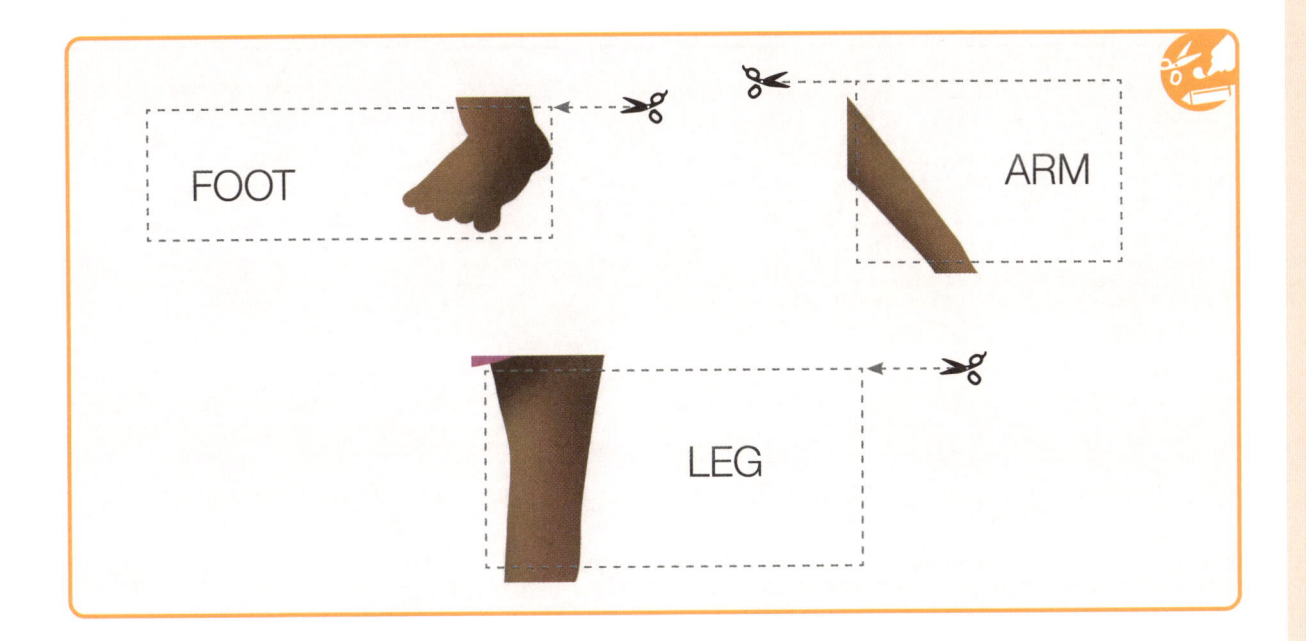

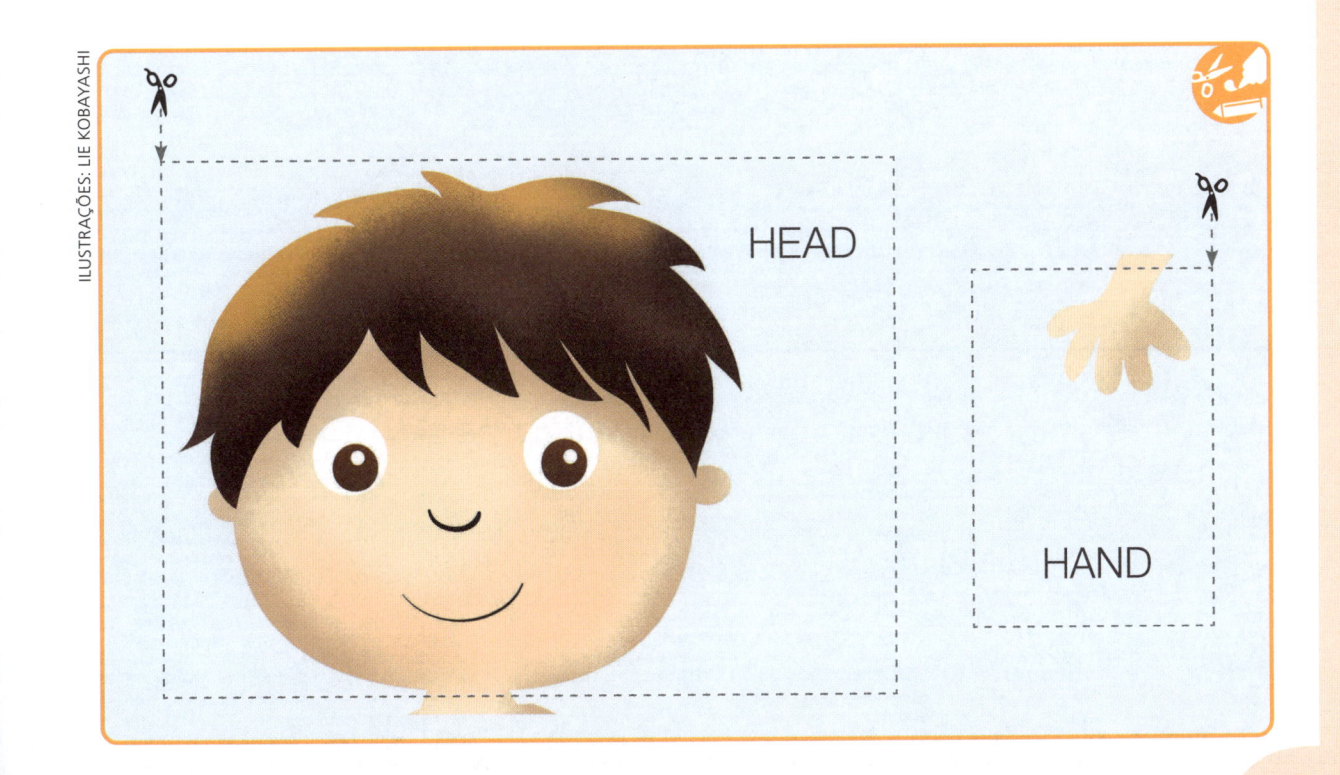

FOOT

ARM

LEG

HEAD

HAND

ILUSTRAÇÕES: LIE KOBAYASHI

53

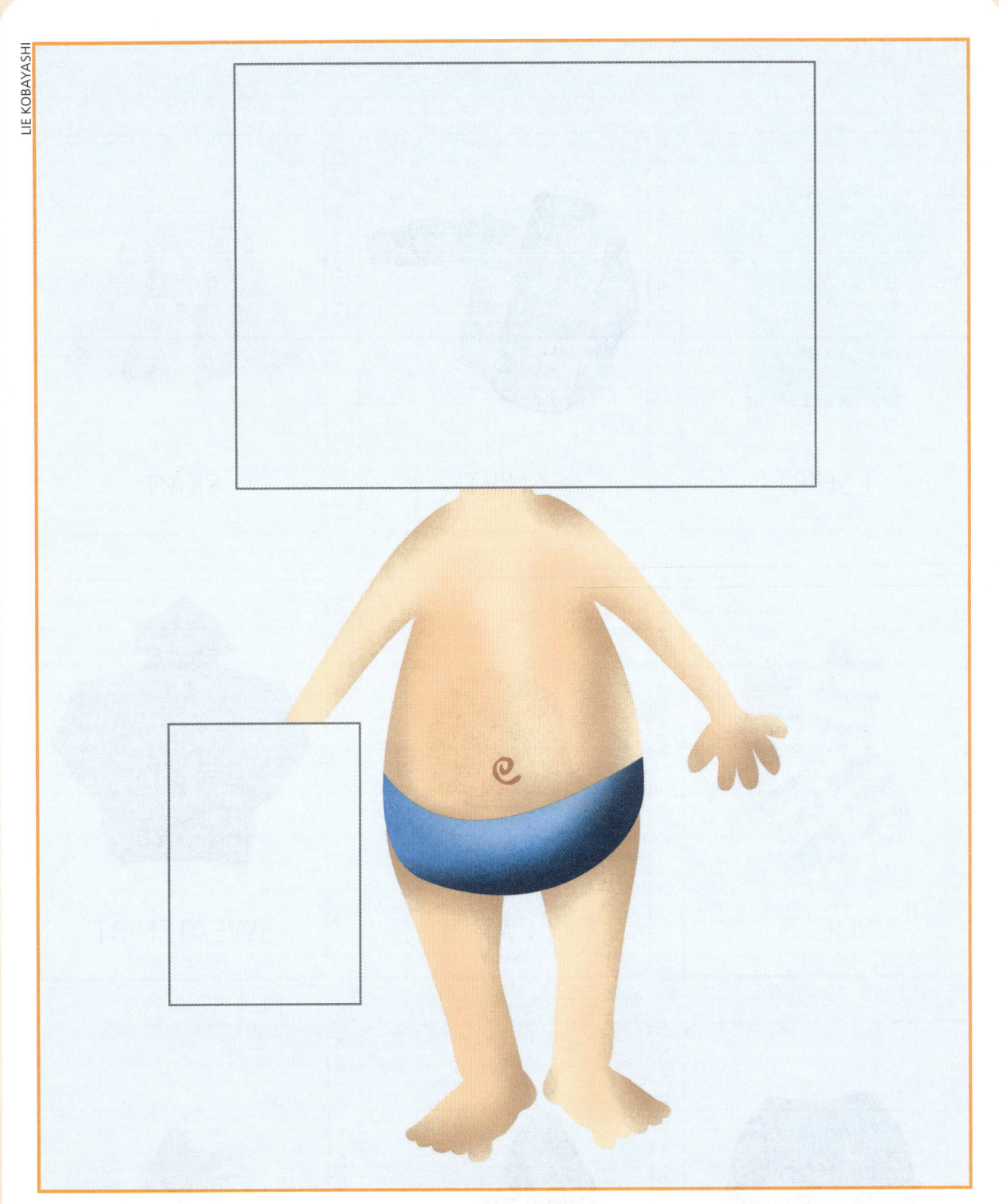

VOCABULARY

arm: braço.
body: corpo.
foot: pé.
hand: mão.
head: cabeça.
leg: perna.

CLOTHES
(Roupas)

T-SHIRT (camiseta)	**SHIRT** (camisa)	**SKIRT** (saia)
SOCKS (meias)	**CAP** (boné)	**SWEATSHIRT** (agasalho)
SHORTS (bermuda)	**SHOES** (sapatos)	**SNEAKERS** (tênis)

ACTIVITIES

2 Let's pay attention and write the names of the clothes.
(Vamos prestar atenção e escrever os nomes das roupas.)

57

3 Let's hang the clothes.
(Vamos pendurar as roupas.)

4 Let's listen and draw a little monster.
(Vamos escutar e desenhar um monstrinho.)

LESSON 7

MY HOUSE
(Minha casa)

Listen and read.
(Escute e leia.)

**BEDROOM
(QUARTO)**

**BATHROOM
(BANHEIRO)**

**KITCHEN
(COZINHA)**

**LIVING ROOM
(SALA DE ESTAR)**

GARDEN
(JARDIM)

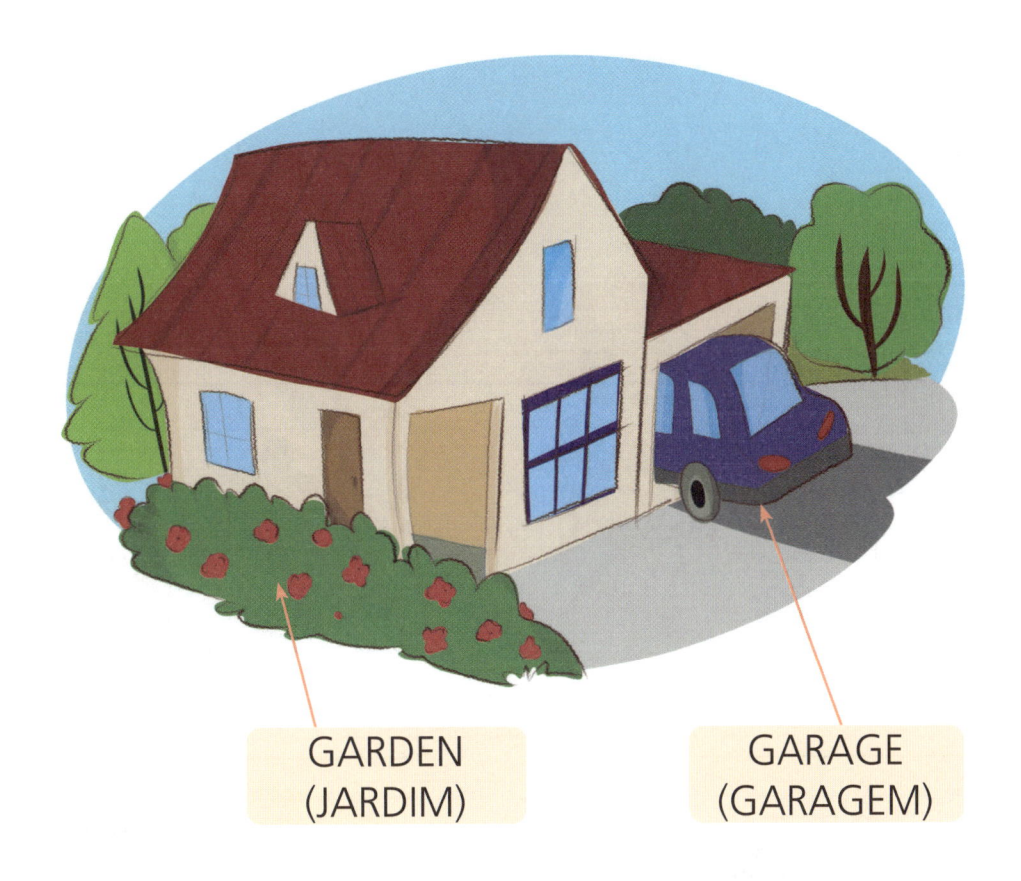

GARAGE
(GARAGEM)

BACKYARD
(QUINTAL)

ILUSTRAÇÕES: VANESSA ALEXANDRE

ACTIVITIES

1 Write.
(Escreva.)

ILUSTRAÇÕES: VANESSA ALEXANDRE

2 Let's play Bingo.
(Vamos jogar Bingo.)

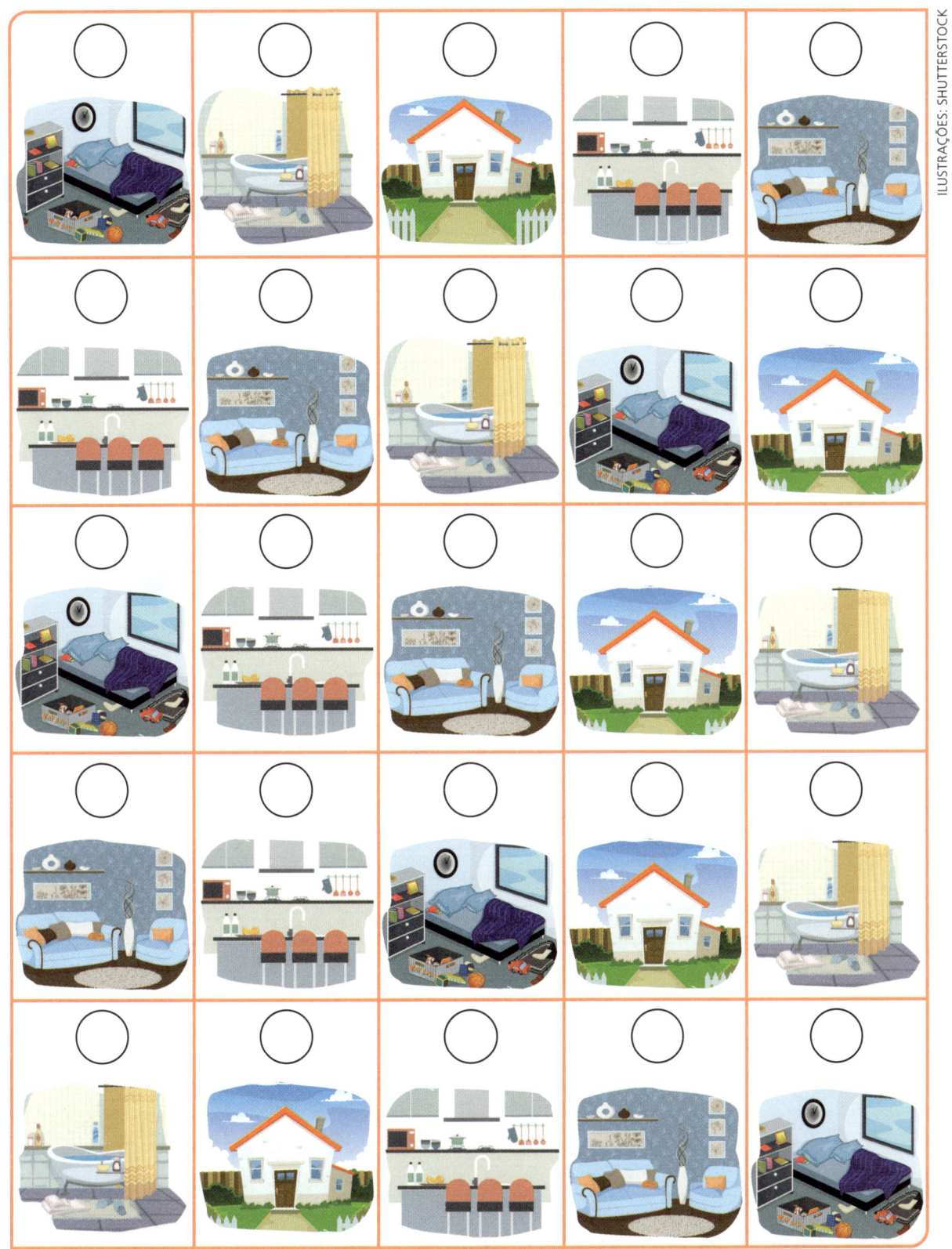

3 **Draw your dream garden.**
(Desenhe o jardim dos seus sonhos.)

4 Draw a room in your house.
(Desenhe um dos cômodos da sua casa.)

5 Where are they?
(Onde eles estão?)

PETER

MELANIE

PEGGY

PAUL

BEDROOM

KITCHEN

LIVING ROOM

BATHROOM

6 Let's play Word Search! Find the names of all the rooms.
(Vamos jogar Caça-Palavras! Encontre os nomes dos cômodos.)

BEDROOM BACKYARD  GARAGE

KITCHEN  **LIVING ROOM**  BATHROOM GARDEN

L	I	V	I	N	G	R	O	O	M	D
A	N	D	W	U	Z	I	K	A	F	G
V	W	G	B	E	D	R	O	O	M	O
T	E	V	A	E	X	A	V	B	N	O
K	I	T	C	H	E	N	T	S	D	H
O	L	T	K	W	G	A	R	A	G	E
O	I	G	Y	A	C	W	S	O	A	B
R	P	B	A	T	H	R	O	O	M	E
B	A	C	R	Y	A	R	D	M	R	H
G	A	R	D	E	N	D	O	O	Y	G

ILUSTRAÇÕES: VANESSA ALEXANDRE

67

LESSON 8

MY SCHOOL
(Minha escola)

Listen and read.
(Escute e leia.)

CLASSROOM
(sala de aula)

- **TEACHER** (professora)
- **STUDENT** (estudante)
- **BOARD** (lousa)
- **DESK** (carteira escolar)
- **BOOKS** (livros)
- **PEN** (caneta)
- **PENCIL** (lápis)
- **SCHOOLBAG** (mochila)
- **NOTEBOOK** (caderno)
- **PENCIL CASE** (estojo)
- **SHARPENER** (apontador)
- **RULER** (régua)
- **ERASER** (borracha)

LIE KOBAYASHI

ACTIVITIES

1 **Complete the sentences.**
(Complete as frases.)

I'm a ⬚.

This is my ⬚.

This is a ⬚.

This is a ⬚.

This is my ⬚.

2 What's in the schoolbag? Check (✓) what you hear.
(O que tem na mochila? Marque o que você ouvir.)

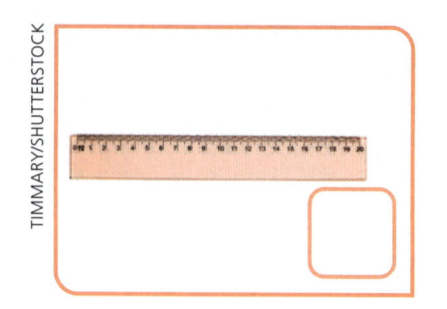

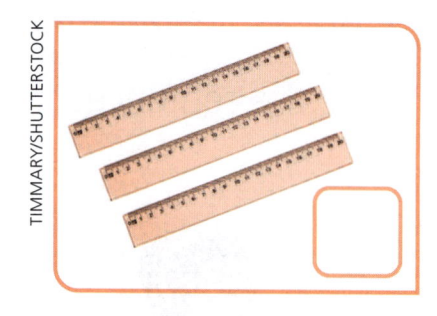

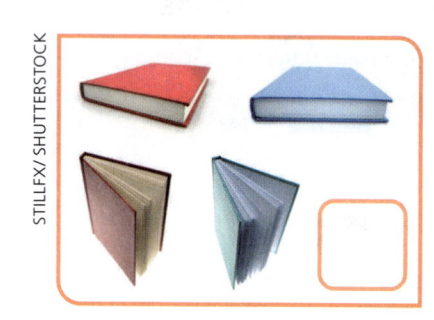

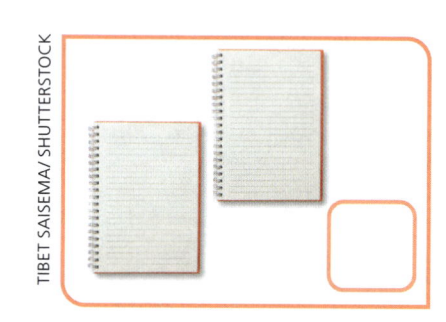

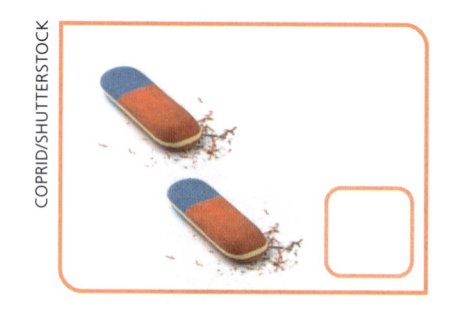

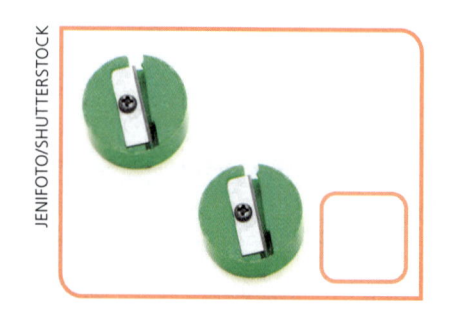

70

3 **Let's draw 1 teacher, 2 students and 1 board.**
(Vamos desenhar 1 professor, 2 alunos e 1 lousa.)

4 **Let's play. Go to pages 89 and 91.**
(Vamos jogar. Vá para as páginas 89 e 91.)

REVIEW
(Revisão)

I CAN NAME THESE VEGETABLES:			
(Eu já sei dizer os nomes desses legumes e verduras.)			
TOMATO	LETTUCE	BROCCOLI	SPINACH
ONION	POTATO	CAULIFLOWER	CARROT

1 Color the vegetables, match the names and write the numbers.
(Pinte os legumes e as verduras, ligue os nomes e escreva os números.)

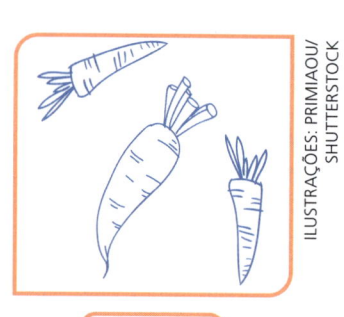

LETTUCE

CAULIFLOWER

CARROT

TOMATO

I CAN NAME THESE CLOTHES:
(Eu já sei dizer os nomes dessas peças de roupa.)

T-SHIRT	SOCKS	CAP
SHIRT	SHOES	SKIRT
SWEATSHIRT	SNEAKERS	SHORTS

I CAN NAME THESE ROOMS OF A HOUSE:
(Eu já sei dizer os nomes desses cômodos.)

BEDROOM	KITCHEN	GARDEN	BACKYARD
BATHROOM	LIVING ROOM	GARAGE	

2 Color the groups.
(Pinte os grupos.)

SHIRT	KITCHEN	T-SHIRT	SHORTS
CAP	GARDEN	BEDROOM	SKIRT
BACKYARD	BATHROOM	SOCKS	LIVING ROOM
SWEATSHIRT	GARAGE	SHOES	SNEAKERS

73

I CAN TALK ABOUT MY SCHOOL:
(Eu já sei falar sobre a minha escola.)

CLASSROOM	STUDENT	BOOK	RULER
BOARD	SCHOOLBAG	PENCIL	SHARPENER
DESK	PENCIL CASE	PEN	
TEACHER	NOTEBOOK	ERASER	

3 Match.
(Relacione.)

- **a** ERASER
- **b** PENCIL
- **c** NOTEBOOK
- **d** RULER
- **e** SHARPENER
- **f** PENCIL CASE

I CAN TALK ABOUT MY BODY:
(Eu já sei falar sobre a minha escola.)

| FOOT | ARM | LEG | HEAD | HAND |

4 Match the columns.
(Relacione as colunas.)

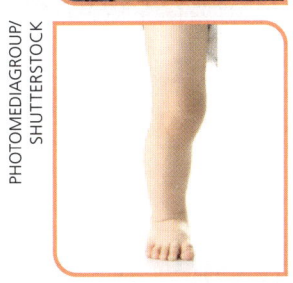

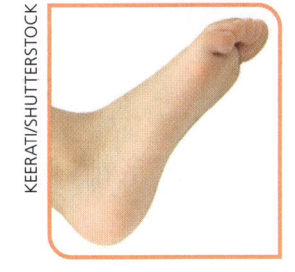

- LEG
- HAND
- FOOT
- HEAD
- ARM

5 Write the names and find the words in the Word Search below.
(Escreva os nomes e encontre as palavras no Caça-Palavras abaixo.)

A	N	K	D	W	S	C	H	O	O	L	B	A	G
V	W	I	G	D	F	G	S	Y	P	N	A	W	O
V	E	T	T	D	L	H	K	D	O	B	H	H	F
K	A	C	A	U	L	I	F	L	O	W	E	R	H
P	L	H	T	W	H	X	S	Z	E	F	A	O	P
S	W	E	A	T	S	H	I	R	T	Q	D	P	E
R	P	N	H	V	T	E	S	L	T	P	W	M	N

76

GLOSSARY
(Glossário)

A

apple: maçã

arm: braço

B

backyard: quintal

banana: banana

bathroom: banheiro

bedroom: quarto

bee: abelha

bird: ave

black: preto(a)

blue: azul

board: lousa

body: corpo

book: livro

broccoli: brócolis

brother: irmão

brown: marrom

C

cap: boné

carrot: cenoura

cat: gato(a)

cauliflower: couve-flor

classroom: sala de aula

clothes: roupas

corn: milho

D

daughter: filha

desk: carteira escolar

dog: cachorro(a)

duck: pato(a)

E

eraser: borracha

F

family: família

father: pai

fish: peixe
five: cinco
foot: pé
four: quatro

G

garage: garagem
garden: jardim
golden: dourado
good afternoon: boa tarde
good evening: boa noite
good morning: bom dia
good night: boa noite
grandfather: avô
grandmother: avó
gray: cinza
green: verde
greetings: cumprimentos

H

hand: mão
hang: pendurar

happy: feliz
head: cabeça
horse: cavalo
house: casa

I

iguana: iguana

J

juice: suco

K

kitchen: cozinha

L

leg: perna
lemon: limão
lettuce: alface
living room: sala de estar
lunch: almoço

M

monkey: macaco(a)

monster: monstro(a)

mother: mãe

N

name: nome

notebook: caderno

O

one: um(a)

onion: cebola

orange: laranja

P

pear: pera

pen: caneta

pencil: lápis

pencil case: estojo

pineapple: abacaxi

pink: cor-de-rosa

potato: batata

R

rabbit: coelho(a)

red: vermelho(a)

relatives: parentes

ruler: régua

S

salad: salada

school: escola

schoolbag: mochila

sharpener: apontador

shirt: camisa

shoes: sapatos

shorts: bermudas

skirt: saia

sneakers: tênis

socks: meias

son: filho

spinach: espinafre

strawberry: morango

student: estudante

sweatshirt: agasalho

T

T-shirt: camiseta

teacher: professor(a)

ten: dez

three: três

tomato: tomate

two: dois (duas)

W

watermelon: melancia

white: branco(a)

Y

yellow: amarelo(a)

AMIGUINHOS, NAS PRÓXIMAS PÁGINAS VOCÊS ENCONTRARÃO OS COMPLEMENTOS QUE SERÃO UTILIZADOS EM VÁRIAS ATIVIDADES DESTE LIVRO.

Coleção

Eu gosto m@is

ALMANAQUE

FAMILY MEMORY GAME
(Jogo da Memória da Família)

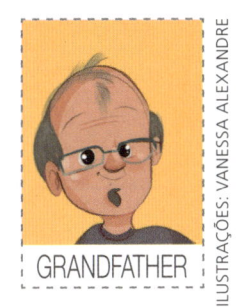

✂ Cut
(Cortar)

COMPLEMENTARY ACTIVITIES

ILUSTRAÇÕES: VANESSA ALEXANDRE

| GRANDMOTHER | GRANDMOTHER | GRANDFATHER | GRANDFATHER |

| DAUGHTER | DAUGHTER | SON | SON |

| FATHER | FATHER | MOTHER | MOTHER |

83

Parte integrante da Coleção Eu Gosto M@is – Língua Inglesa 1º ano – IBEP.

COLORS MEMORY GAME
(Jogo da Memória das Cores)

✂ Cut
(Cortar)

COMPLEMENTARY ACTIVITIES

red	red	gray	gray
blue	blue	black	black
yellow	yellow	brown	brown
golden	golden	white	white
pink	pink	green	green

Parte integrante da Coleção Eu Gosto M@is – Língua Inglesa 1º ano – IBEP.

FOOD CUBE
(Cubo dos alimentos)

Cut ✂
Bend ▬

(Cortar | Dobrar)

COMPLEMENTARY ACTIVITIES

87

Parte integrante da Coleção Eu Gosto M@is – Língua Inglesa 1º ano – IBEP.

LET'S GO TO SCHOOL!
(Vamos para a escola!)

✂ Cut
(Cortar)

COMPLEMENTARY ACTIVITIES

LET'S GO TO SCHOOL!

(Vamos para a escola!)

✂ ‑ ‑ Cut
___ Bend

(Cortar | Dobrar)

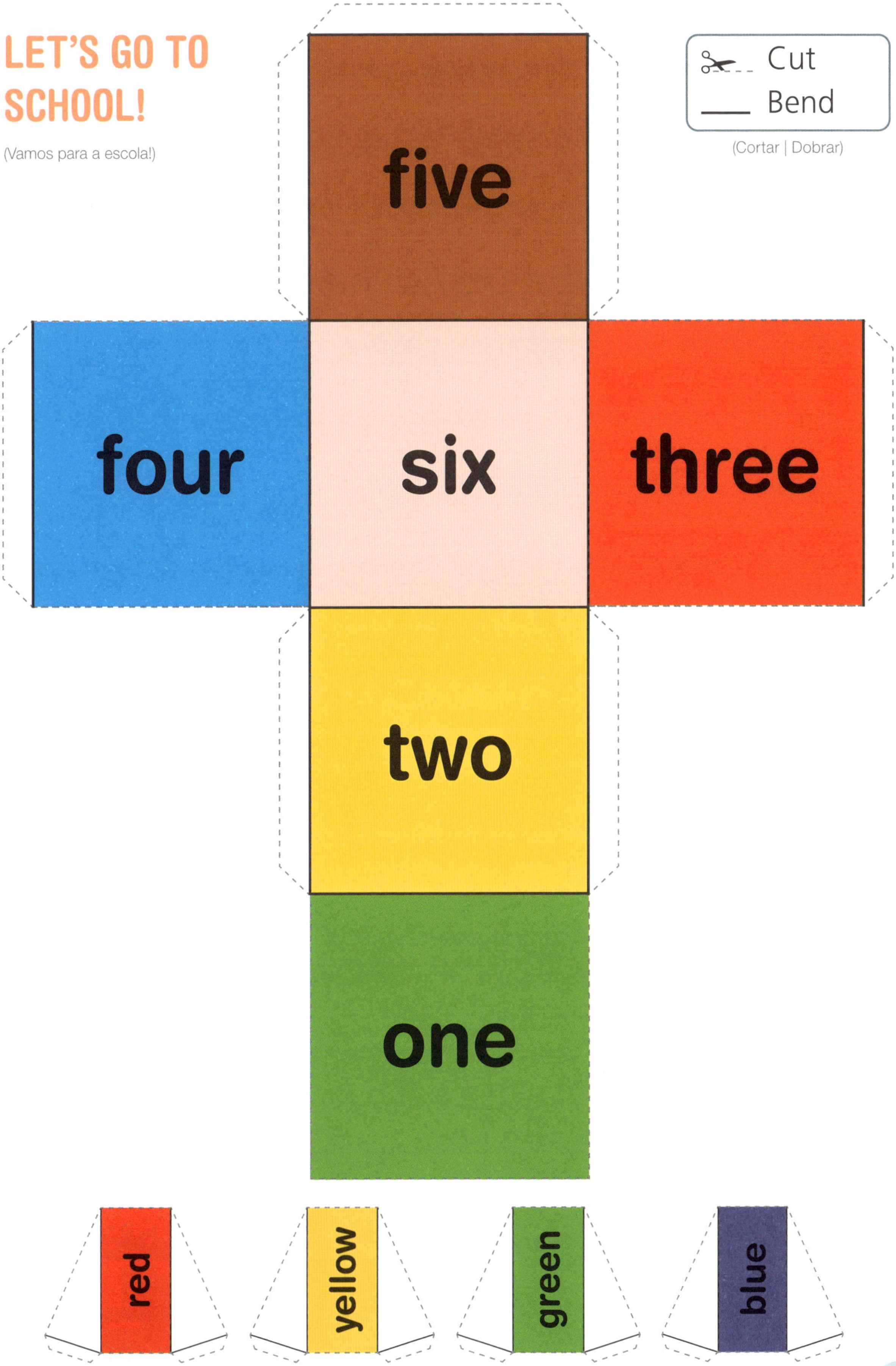

COMPLEMENTARY ACTIVITIES

five

four | six | three

two

one

red | yellow | green | blue

Parte integrante da Coleção Eu Gosto M@is – Língua Inglesa 1º ano – IBEP.

AMIGUINHOS, NESTA E NAS PRÓXIMAS PÁGINAS VOCÊS ENCONTRARÃO OS ADESIVOS QUE SERÃO UTILIZADOS EM VÁRIAS ATIVIDADES DESTE LIVRO.

STICKERS

PAGE 8

HI, I AM _____.

HELLO, MY NAME IS _____.

PAGE 9

HI, I AM _____.

PAGE 11

GRANDFATHER	GRANDMOTHER	BROTHER
MOTHER	SISTER	FATHER

STICKERS

PAGE 14

GOOD NIGHT!

GOOD EVENING!

GOOD MORNING!

GOOD AFTERNOON!

PAGE 19

BLUE

BLACK

GRAY

YELLOW

GOLDEN

BROWN

PINK

RED

PAGE 22

RED　　　YELLOW　　　GREEN

PAGES 26 AND 27

ONE	ONE	ONE
TWO	TWO	TWO
THREE	THREE	THREE
FOUR	FOUR	FOUR
FIVE	FIVE	FIVE

PAGES 38 AND 39

BANANAS	ORANGES	STRAWBERRIES
PEARS	PINEAPPLES	WATERMELONS
LEMONS	APPLES	

PAGE 46

TOMATO	LETTUCE	BROCCOLI
ONION	POTATO	CAULIFLOWER
CORN	SPINACH	CARROT

Parte integrante da Coleção Eu Gosto M@is – Língua Inglesa 1º ano – IBEP.

PAGE 57

| YELLOW SKIRT | WHITE SNEAKERS | GREEN CAP |

| BLACK SWEATSHIRT | BLUE SHORTS | RED T-SHIRT |

PAGE 58

| SHOES | SKIRT | T-SHIRT |

| SOCKS | SHORTS | SWEATSHIRT |

| SHIRT | CAP | SNEAKERS |

PAGE 65

| BEDROOM | KITCHEN | BATHROOM |

| GARAGE | GARDEN |

| BACKYARD | LIVING ROOM |

PAGE 69

| STUDENT | TEACHER | DESK |

| BOARD | SCHOOLBAG |